BEI GRIN MACHT SICH
WISSEN BEZAHLT

- Wir veröffentlichen Ihre Hausarbeit, Bachelor- und Masterarbeit

- Ihr eigenes eBook und Buch - weltweit in allen wichtigen Shops

- Verdienen Sie an jedem Verkauf

Jetzt bei www.GRIN.com hochladen und kostenlos publizieren

Bibliografische Information der Deutschen Nationalbibliothek:

Die Deutsche Bibliothek verzeichnet diese Publikation in der Deutschen Nationalbibliografie; detaillierte bibliografische Daten sind im Internet über http://dnb.dnb.de/ abrufbar.

Dieses Werk sowie alle darin enthaltenen einzelnen Beiträge und Abbildungen sind urheberrechtlich geschützt. Jede Verwertung, die nicht ausdrücklich vom Urheberrechtsschutz zugelassen ist, bedarf der vorherigen Zustimmung des Verlages. Das gilt insbesondere für Vervielfältigungen, Bearbeitungen, Übersetzungen, Mikroverfilmungen, Auswertungen durch Datenbanken und für die Einspeicherung und Verarbeitung in elektronische Systeme. Alle Rechte, auch die des auszugsweisen Nachdrucks, der fotomechanischen Wiedergabe (einschließlich Mikrokopie) sowie der Auswertung durch Datenbanken oder ähnliche Einrichtungen, vorbehalten.

Impressum:

Copyright © 2005 GRIN Verlag, Open Publishing GmbH
Druck und Bindung: Books on Demand GmbH, Norderstedt Germany
ISBN: 9783638683302

Dieses Buch bei GRIN:

http://www.grin.com/de/e-book/60295/unternehmensberatung-im-lichte-der-integrativen-wirtschaftsethik

Svenja Fenger

Unternehmensberatung im Lichte der integrativen Wirtschaftsethik

GRIN Verlag

GRIN - Your knowledge has value

Der GRIN Verlag publiziert seit 1998 wissenschaftliche Arbeiten von Studenten, Hochschullehrern und anderen Akademikern als eBook und gedrucktes Buch. Die Verlagswebsite www.grin.com ist die ideale Plattform zur Veröffentlichung von Hausarbeiten, Abschlussarbeiten, wissenschaftlichen Aufsätzen, Dissertationen und Fachbüchern.

Besuchen Sie uns im Internet:

http://www.grin.com/

http://www.facebook.com/grincom

http://www.twitter.com/grin_com

Universität Bayreuth
Institut für Philosophie
Juniorprofessur für angewandte Ethik

Unternehmensberatung im Lichte der integrativen Wirtschaftsethik

Seminararbeit zum Seminar: Ethik und Beratung

Abgabetermin:
15.11.2005
Svenja Fenger
7. Fachsemester
Philosophy & Economics

INHALTSVERZEICHNIS

1 Einleitung **2**

2 Unternehmensberatung **3**

    2.1 Begriffserläuterung von Beratung 3

    2.2 Begriffserläuterung von Unternehmensberatung 3

    2.3 Status Quo der ethischen Unternehmensberatung 4

3 Integrative Wirtschaftsethik **6**

    3.1 Ökonomismuskritik 6

        3.1.1 Sachzwangargument 6

        3.1.2 Gewinnprinzip 7

    3.2 Ethisches Wertefundament einer lebensdienlichen Ökonomie 7

        3.2.1 Diskursethischer Hintergrund 8

        3.2.2 Sinnfrage 8

        3.2.3 Legitimationsfrage 9

    3.3 Der „Ort" der Moral des Wirtschaftens 10

        3.3.1 Unternehmensethik 10

        3.3.2 Integratives Ethikprogramm 12

4 Integrative Unternehmensberatung **13**

    4.1 Ethik der Berater 13

        4.1.1 Integrative Beratungsbranche 13

        4.1.2 Institutionalisierung der Profession 14

        4.1.3 Integres Beratungsunternehmen 15

        4.1.4 Personale Integrität 15

    4.2 Ethische Beratung 16

        4.2.1 Beratungsprozess 16

        4.2.2 Ethiktools 18

5 Kritische Würdigung **21**

LITERATURVERZEICHNIS **23**

1 Einleitung

Ethische Vorstellungen in den Unternehmensalltag einfließen zu lassen ist eine große Herausforderung heutiger Unternehmenspolitik, da verschiedene individuelle Interessen, aber auch kulturelle Hintergründe zusammenfallen. Der Leistungsdruck der einzelnen Wirtschaftssubjekte wird größer, man muss schneller und besser als alle Anderen sein. In Folge der Globalisierung und des stärkeren Wettbewerbs wird es immer wichtiger die Unternehmensethik wieder in die Wirtschaft zu integrieren. Wieder, da die Ökonomie früher eine Teildisziplin der Philosophie war. Heute scheint man zu vergessen, das Wirtschaften immer auch mit Menschen zu tun hat, daher nicht nur eine gewisse Mindestverantwortung erfüllt sein sollte, sondern das darüber hinaus jedes Unternehmen gute Gründe für sein Handeln vorbringen kann und eine sinnvolle und legitime Wirtschaft aufbaut. Es stellt sich für Unternehmen jedoch die Frage, wie Unternehmensethik im wirtschaftlichen Alltag durchgesetzt werden kann. Korrespondierend zu dieser Fragestellung hat sich eine Beratungsbranche aufgebaut, die sich mit der Thematik, also einer Strategie ethischer Beratung auseinander setzt. Denn es erscheint zweifelhaft, dass unternehmensethische Bemühungen ohne Impulse von Außen zum einen gelingen, zum anderen überhaupt angepackt werden. Doch das Stichwort Wirtschaftskrise hat auch die Unternehmensberatungsbranche selber nicht verschont. Dabei ist gerader ihr Ruf das Aushängeschild einer Beratung. Es ist wichtig eine Ethik zu finden, welche zum einen anwendbar auf die Branche selbst und zum anderen anwendbar als Beratungstool ist.

Diese Arbeit gibt zuerst einen kurzen Überblick über die heutige Unternehmensberatung, und klärt die Grundbegriffe der ethischen Unternehmensberatung. In Kapitel drei wird der Ansatz der integrativen Wirtschaftsethik von *Peter Ulrich* dargestellt, der als Grundlage für Kapitel vier dienen soll. Hier wird untersucht, wie der Ansatz als Ethik des Beraters genutzt werden und im Bereich eines Beratungstools verwendet werden kann. Ob die integrative Wirtschaftsethik ein guter Ansatz für die Beraterbranche ist, soll im letzten Kapitel diskutiert werden.

2 Unternehmensberatung

Um Ethik und Beratung zusammen zu bringen, muss zuerst kurz erläutert werden, was allgemein unter Beratung, unter Unternehmensberatung und unter ethischer Unternehmensberatung zu verstehen ist.

2.1 Begriffserläuterung von Beratung

In der Regel werden zwei Arten von Beratung unterschieden. Die erste umfasst die helfende Absicht der Beratung von einem so genannten Experten, die zweite umfasst die gegenseitige Beratung.[1] Beide beinhalten jedoch implizit, dass Beratung auf ein Gespräch mit einem konkreten Konfliktlösungsziel hinausläuft. Es wird deutlich, dass dieser Rat immer von speziellen Situationen abhängig ist, in denen der Ratsuchende selbst die Ausmaße der Entscheidungen nicht übersehen kann oder gar handlungsunfähig geworden ist. Der Berater agiert als externer, unabhängiger Spezialist, der im Diskurs mit dem Ratsuchenden zu einer Lösung verhilft.[2] Der Berater analysiert das Problem des Ratsuchenden, im Folgenden als Klient bezeichnet, somit verschafft er sich eine Übersicht von einem externen Standpunkt und versucht zusammen mit dem Klienten das Problem zu lösen. Es wird offensichtlich, dass Beratung immer nur auf Grundlage einer Bewertung geschehen kann, die Wertgrundlage des Beraters fließt somit immer in die Analyse mit ein.[3]

2.2 Begriffserläuterung von Unternehmensberatung

In Anschluss an die Beratung ist Unternehmensberatung ein situationsbezogener Rat für konkrete betriebswirtschaftliche Probleme von wirtschaftenden Organisationen. Die in komplexe Situationen geratene Unternehmensführung soll aus ihrer Handlungsunfähigkeit befreit werden.[4] Häufig wird das Management in strategischen Entscheidungen beraten, es kann sich aber auch um bestimmte Prozesse und Organisationsstrukturen im Unternehmen selbst handeln. Der Beruf des Unternehmensberaters unterliegt keinen gesetzlichen Anforderungen noch gibt es einen vorzuweisenden Abschluss in diesem Bereich. Dennoch verschreiben sich die meisten Berater einem Verhaltens-Kodex, beispielsweise dem *Bund Deutscher Unternehmensberater e.V.* oder ähnlichen Organisationen, um ihre Professionalität zu unterstreichen. Solche Kodizes enthalten unter Anderen Kriterien über die Objektivität, Kompetenz, Unabhängigkeit oder Vertraulichkeit der Berater.[5]

---

[1] Vgl. http://de.wikipedia.org/wiki/Beratung (Stand: 14.11.2005)
[2] Vgl. Hagenmeyer (2003 / 359)
[3] Vgl. Thommen (1992/ 442)
[4] Vgl. Hagenmeyer (2005/ 28)
[5] Vgl. http://www.bdu.de/ (Stand: 14.11.2005)

Die Berater müssen sich allgemein mit dem jeweiligen Problem eines Unternehmens befassen und analysieren, um herauszufinden, wie dieses zu lösen ist. Unternehmen und Berater suchen zusammen nach Lösungen und neuen Optionen. Die Herausforderung liegt darin, die Neuorientierung des Unternehmensalltages an die aktuelle Umweltsituation anzupassen.[6]

Ethische Beratung gehört mit in den Bereich der Managementberatung, denn es reicht nicht aus, bestimmte Moralvorstellungen und Werte in einem Unternehmen zu verankern. Es geht vor allem auch um Aufklärung in Bezug auf ethisch relevante Themen.

2.3 Status Quo der ethischen Unternehmensberatung

Ethik ist im Bereich der Wirtschaft zu einem großen Thema geworden, das agierende Umfeld der Unternehmer hat sich besonders durch die Globalisierung geändert und dadurch hat sich das Wirtschaftssystem noch komplexer gestaltet. Diese erwachsene Komplexität soll durch ethische Beratung reduziert werden.[7] Nun gibt es zwei Möglichkeiten, wie Ethik in der Beratung gesehen werden kann. Einerseits gibt es die Ethik der Berater und andererseits gibt es die Beratung in Sachen Ethik, wobei Ethik hier zum Beratungstool wird. Die Ethik der Berater ist seit der Krise dieser Branche zu einem wichtigen Thema geworden. Viele fragwürdige Beraterprinzipien kamen in den gescheiterten Beratungsprojekten zum Vorschein. Das Vertrauen in die Branche wurde dadurch hart angegriffen, wobei gerader der Ruf und das Image einer Unternehmensberatung für ihre Aufträge von großer Wichtigkeit sind.[8] Die Grundsätze des Handelns stehen hier im Vordergrund. Ethische Beratung dagegen zielt eher auf die Verbindung von wirtschaftlichem Erfolg und Unternehmensethik, um ethische Grundhaltungen in das Unternehmen zu integrieren. Es gibt in diesem Bereich verschiedene Beratungsansätze, nach denen gehandelt werden kann, „je nach ´Reifephase` des Klienten würden die Ansätze anders und unterschiedlich intensiv auf mutigere und weniger mutigere Lösungen hinarbeiten"[9].

Demnach lassen sich fünf ethische Beratungsansätze unterscheiden: Risikomanagement orientierte, kulturzentrierter, System-Management orientierter, standardisierungsorientierte und prinzipienorientierter Ansatz.[10] Es ist schwer, die verschiedenen Ansätze strikt voneinander zu trennen, denn gerade in der Beratung muss man sich auf den Klienten einlassen und darf ihm nicht die eigenen Vorstellungen vom ethischen Handeln auferlegen. So kommt es oft zu einer Vermischung der verschiedenen Ansätze. In dieser Arbeit steht jedoch der prinzipienorientierte Ansatz im Fokus und soll daher im Folgenden dargelegt werden.

---

[6] Vgl. Hagenmeyer (2003 / 362)
[7] Vgl. Hagenmeyer (2003 / 361)
[8] Vgl. Hagenmeyer (2005 / 26)
[9] Vgl. Lunau/ Streiff (2002 / 352)
[10] Vgl. Badura (2002 / 338 f.)

Die ethische Theorie bildet den Hintergrund, das heißt die Grundlage des unternehmerischen Handelns. Hier steht besonders der diskursethische Ansatz im Mittelpunkt. Im Gegensatz zu anderen Theorien wird die Ethik nicht als außerökonomisches Moment betrachtet, sondern ist und war schon immer in der Wirtschaft enthalten, denn wirtschaften bedeutet mit Menschen umzugehen.[11] Das Unternehmen ist nicht durch eine `unsichtbare Hand´ determiniert, sondern die Unternehmensführung trifft die Entscheidungen. Das reine ökonomische Gewinnprinzip wird kritisiert, denn dass Handeln muss legitimierbar und sinnvoll sein. So steht die ökonomische Anreizkomponente im Hintergrund und muss sich erst moralisch beweisen.[12] Die diskursive Ethik versucht die individuellen Standpunkte der Akteure auf eine einheitliche Ebene der Rationalität zu bringen, so dass durch einen offenen Dialog neue Perspektiven generieren werden.[13] Argumentationszugänglichkeit wird geschaffen und die Selbstreflexion gefördert. Vertreter des Ansatzes sind *Ulrich Hagenmeyer* und *York Lunau*, die Grundlage bildet die integre Wirtschaftsberatung von *Ulrich*. Ethik soll kein Korrektiv zur Ökonomie bilden, sondern sie von innen her erweitern.[14]

Ob nun Ethik als Beratertool oder innerhalb der Beratung gesehen wird ist für den nächsten Schritt zunächst unbeachtlich, denn in beiden Fällen ist eine ethische Leitidee notwendig. Selbst wenn der Unternehmer sich als „integer" sieht, gibt es Situationen, in denen eine klare Handlungsentscheidung schwer fällt. Denn auf der einen Seite scheinen die ethischen Werte zu stehen und auf der Anderen das Erfolgsstreben. Einen Ausbruch versucht die integrative Wirtschaftsethik zu ermöglichen.

---

[11] Vgl. Ulrich (1992/ 100)
[12] Vgl. Badura (2002 / 345)
[13] Vgl. Wörz (1996/ 146 f.)
[14] Vgl. Ulrich (1992/ 100)

3 Integrative Wirtschaftsethik

Die integrative Wirtschaftsethik ist eine Vernunftethik des Wirtschaftens. Dieser Ansatz stellt sich gegen das Denken einer Zwei-Welten-Konzeption von „reiner" Ökonomie und „außerökonomischer" Ethik.[15] So sehen sich Unternehmer oft in einem Dilemma entweder dem Erfolgsstreben nachzugehen oder der Moral. Der integrative Ansatz will diesen Widerspruch überwinden indem Unternehmensethik zu inneren Geschäftsgrundlage wird.[16] *Ulrich* verweißt auf die Tatsache, dass (wirtschaftliches) Handeln immer schon mit ethischen Problemstellungen konfrontiert wurde, da Handeln eine Interaktion zwischen Menschen darstellt. Also sieht er das Problem in der normativen Grundlage der Wirtschaft und versucht eine neue Fundierung der Ökonomie zu erstellen.[17] Die integrative Wirtschaftsethik hat drei wichtige Grundaufgaben: Die kritische Grundlagenreflexion des Status quo der marktwirtschaftlichen Bedingungen; den Aufbau eines ethischen Wertefundaments für eine lebensdienliche Ökonomie und zuletzt die Bestimmung des Ortes der Moral - wobei sich diese Arbeit aufgrund des begrenzten Rahmens auf die Unternehmensethik konzentriert.

3.1 Ökonomismuskritik

Das traditionelle Unternehmensethos aus der Zeit des Liberalismus ist auch heute noch in den Köpfen der Menschen vorhanden. Floskeln wie „die unsichtbare Hand des Marktes" oder „the business of business is business" zeigen eine quasi-ethikfreie, opportunistische Wirtschaft auf. Dadurch erleichtert sich der Manager von einer Begründung für sein Handeln, denn er kann sich auf das Sachzwangargument oder das Gewinnprinzip beziehen ohne sich rechtfertigen zu müssen. Doch unterzieht man dieses Ethos einer kritischen Reflexion so erkennt man, dass die normativen Prinzipien keine Letztbegründung für die Wirtschaft bieten und somit auch nicht als legitime Begründung des einzelnen Unternehmers dienen können.[18]

3.1.1 Sachzwangargument

In der Wirtschaft gibt es vor allem zwei Argumentationstypen die eine ethische Wirtschaft kategorisch ausschließen wollen, den Sachzwang und das Gewinnprinzip. Gewisse Spielregeln des Marktes, erzeugen einen Sachzwang, der die eigenen Handlungsmöglichkeiten einschränkt.[19] Somit kann man gar nicht moralisch Handeln, da ein Ausschluss aus dem Markt die Folge wäre.

---

[15] Vgl. Büscher (1995/ 273)
[16] Vgl. Ulrich (1999/ 21)
[17] Vgl. Ulrich (2001/ 102 ff.)
[18] Vgl. Ulrich (1998/ 3-10)
[19] Vgl. Ulrich (2001/ 129)

Die Frage, die hier gestellt wird ist, ob ethisches Handeln überhaupt möglich ist. Aber reine Sachzwänge existieren nicht, denn sie sind Ausdruck institutionalisierte Normenzwänge, ein Ergebnis politischer und gesellschaftlicher Machtverhältnisse.[20] Die Idee der reinen Ökonomie kann somit nicht weiterverfolgt werden, da Wirtschaften schon immer mit Menschen zu tun hatte und eher von einem „unreflektierten, tendenziell dann ideologischen Umgang mit den impliziten Wertorientierungen unternehmerischen Handelns"[21] gesprochen werden muss. Sachzwänge sind künstlich erstellt und sind von daher als Denkzwänge kritisch zu hinterfragen.

3.1.2 Gewinnprinzip

Das Gewinnprinzip wird oft als moralische Verpflichtung der Unternehmen betrachtet: „The social responsibility of business is to increase its profits". Dieser oft zitierte Satz von Milton Friedman wird als Legitimation für das unternehmerische Erfolgsstreben verwendet. Der Markt hat seine eigene Moral, daher stellt sich hier die Frage, ob Wirtschaftsethik überhaupt notwendig ist.[22] Diese neoklassische Theorie beruht auf dem moralphilosophischen Ansatz des Utilitarismus. Hier wird Nutzen mit dem Guten gleichgesetzt,[23] so soll die wirtschaftliche Effizienz für jeden gut und dienlich sein. Jedoch gibt es auch immer Verlierer, denn was für den Manager förderlich ist, kann auf der Unternehmensebene zu großem Schaden führen. Die Erweiterung dieser Theorie auf die Pareto-Effizienz, bei der ein Individuum sich nur besser stellen darf, wenn keine anderen Individuen dadurch schlechter gestellt werden, kann dem Gewinnprinzip nicht zu einem normativen Geltungsanspruch verhelfen. Das Pareto-Kriterium bezieht sich „nur auf die relative Vorteilshaftigkeit von Situationsveränderungen nach Maßgabe der je privaten Interessen"[24]. Die Gerechtigkeit der Vorteile steht nicht zur Diskussion und somit kann hier auch nicht von legitimen Begründungen für das Gewinnprinzip gesprochen werden. Gewinnstreben ist also niemals legitime Begründungsbasis, sondern immer nur ein Teilziel, das entscheidende Maß der Wirtschaft soll ihre Lebensdienlichkeit sein. Ein Paradigmenwechsel von der utilitaristischen zur kommunikativen Ethik wird daher gefordert.

3.2 Ethisches Wertefundament einer lebensdienlichen Ökonomie

Vernünftiges Wirtschaften muss sich mit zwei elementaren Fragen auseinandersetzen, zum einen wie die Zuträglichkeit des Wirtschaftens in Hinblick auf das gute Leben aussieht, also die Sinnfrage, und zum anderen wie die Rechtfertigung des Wirtschaftens in Hinblick auf das gerechte Zusammenleben aller aussieht, also die Legitimationsfrage.

---

[20] Vgl. Ulrich (1998/ 5)
[21] Vgl. Ulrich (1999/ 16)
[22] Vgl. Ulrich (2001/129)
[23] Vgl. Apel (1988/ 278)
[24] Vgl. Ulrich 1998/ 7)

Eine uneingeschränkte unternehmerische Freiheit kann es nicht geben, Unternehmen sind an die Ausrichtung auf das Gemeinwohl gebunden, in dem sie sich vor der öffentlichen Gemeinschaft verantworten müssen.[25]

3.2.1 Diskursethischer Hintergrund

Begründungs- und Rechtfertigungsbedarf besteht bezüglich der Idee eines guten Lebens nur, wenn das Handeln mit den Ansprüchen anderer Personen oder mit unseren Selbstansprüchen in Konflikt gerät.[26] Zur Legitimität werden intersubjektiv gültige Normen der Idee des gerechten Zusammenlebens benötigt. Moderne Wirtschaftsethik setzt immer eine universalgültige Ethik voraus, was den beteiligten Personen eines Konfliktes ermöglicht, ihre Ansprüche rational erklären zu können. Die universale Idee ethisch-praktischer Vernunft ist nach *Ulrich* das Moralprinzip, welches auf der conditio humana beruht und in jeder Kultur nachvollziehbar ist: Die rationale Verallgemeinerbarkeit des moralischen Reziprozitätsprinzips. Dies ist die regulative Idee der grenzenlosen moralischen Gemeinschaft aller Menschen.[27] Diesen Universalisierungsgrundsatz hat *Ulrich* aus der Diskursethik von *Jürgen Habermas* und *Karl-Otto Apel* aufgegriffen. Die wechselseitige Anerkennung von den Gesprächspartnern als mündige Personen ist die normative Begründung zur Möglichkeit von Argumentation. Die strittigen universalen Geltungsansprüche wie Wahrheit, Richtigkeit und Verständlichkeit sind der Gegenstand des jeweiligen Diskurses. Das Konzept der integrativen Wirtschaftsethik bezieht sich auf die Diskursethik, als Vernunftethik und als kommunikativ-ethische Vernunft, welche die Synthese zwischen Rationalität und Moralität verkörpert.[28] Die Begründung eines allgemeinen Standpunktes der Moral in einer globalen Gesellschaft kann sich nur auf die Vernunft des Menschen stützen, weil sie kulturunabhängig sein muss. Durch eine unbegrenzte Kommunikationsgemeinschaft werden alle Sinn- und Wahrheitsansprüche erkennbar. Somit ist der argumentative Diskurs zwischen den Betroffenen „die ideale Begründungs- und Legitimationsinstanz für alle problematisierbaren Normen".[29]

3.2.2 Sinnfrage

Die Sinnfrage befasst sich damit, welche Werte sowie welche Zukunft geschaffen werden sollte und wie die individuelle Idee des guten Lebens ermöglicht werden kann. Es geht darum, eine Wertschöpfungsidee zu finden, welche dem unternehmerischen Handeln einen gesellschaftlichen Sinn gibt.[30]

---

[25] Vgl. Streiff/ Ulrich (2003/ 6-10)
[26] Vgl. Ulrich (2001/ 35)
[27] Vgl. Jäger (2001/ 111)
[28] Vgl. Jäger (2001/ 109)
[29] Vgl. Apel (1988/ 74)
[30] Vgl. Streiff/ Ulrich (2003/ 7)

Sinnvolles Wirtschaften bedeutet nicht nur die Gewährleistung, dass jeder Mensch eine lebensnotwendige Versorgung in Anspruch nehmen kann, sondern auch, dass die Lebensqualität zu einem wichtigen Aspekt in der Wirtschaft wird. Der Arbeitnehmer sollte nicht auf seine bloße Sicherung der Lebensgrundlage achten, sondern die Möglichkeit erhalten, sich in der Gesellschaft nach den eigenen Vorstellungen zu entfalten. In einer Gesellschaft mit universalen Normen, welche dem gerechten Zusammenleben einen Rahmen setzen, sollten individuelle Ideen des guten Lebens ermöglicht werden,[31] ohne aus dem Markt ausgeschlossen zu werden. Die Folge wäre jedoch, dass die derzeitigen Lebensbedingungen umstrukturiert werden müssen: Es ist ein „kollektiver, politischer Wille zum Sinn" notwendig.[32] Ethische Unternehmensführung wird ihre Strategien auf Schaffung lebenspraktischer Werte ausrichten,[33] somit ist sinnvolle Ökonomie eine Sozialökonomie. Eine Unternehmensführung muss sich damit befassen, welche Werte sie vertreten will und wie diese in Strategien eingebracht werden können. Man kann auch von einer „Mission" sprechen, die das Unternehmen erfüllen will.

3.2.3 Legitimationsfrage

Bei der Legitimationsfrage geht es darum, für wen die Werte zu schaffen sind und ob die Handlungen gegenüber allen Betroffenen vertretbar sind, ferner mit welchen Mitteln die Strategien umgesetzt werden. Die Frage nach der Legitimität ist bedeutend für das gerechte Zusammenleben aller Menschen. Legitimität ist die Überprüfung von Ansprüchen und Handlungen auf die Einhaltung und Erhaltung der moralischen Rechte jeder Person, dass heißt eine Handlung ist legitim, wenn keine moralischen Rechte anderer Personen verletzt werden.[34] Es gibt keine Ansprüche, nicht einmal von der Führungsebene, die a priori als legitim gelten, jegliche erhobene Ansprüche vom Unternehmen oder den Stakeholdern müssen überprüft werden.[35] Daraus folgt, dass die Frage nach Legitimität vor dem Erfolg und vor allem vor dem Gewinnstreben steht. So muss im Optimum das unternehmerische Handeln an öffentlich nachprüfbaren Geschäftsprinzipien orientiert sein,[36] da die öffentliche Gesellschaft der mündigen Bürger ein Ideal ist, welche den Legitimationsdiskurs kontrollieren soll. Die Folgen der Handlungen müssen immer vertretbar, dem Unternehmen aber gleichzeitig zumutbar sein.

---

[31] Vgl. Ulrich (2001/ 35)
[32] Vgl. Ulrich (2001/ 232)
[33] Vgl. Ulrich (1999/ 21)
[34] Vgl. Ulrich (2001/ 235)
[35] Vgl. Ulrich (1998/ 13)
[36] Vgl. Streiff/ Ulrich (2003/ 8)

3.3 Der „Ort" der Moral des Wirtschaftens

Die integrative Wirtschaftsethik ist eine sozialökonomische Rationalitätsidee. Nur sinnvolles und lebensdienliches Wirtschaften ist legitimierbar, denn nur diese Formen des Wirtschaftens können vor einer unbegrenzten Argumentationsgemeinschaft bestehen.[37] Der „Ort" der Moral ist die kritische Öffentlichkeit. Erst in der unbegrenzten Öffentlichkeit, in der jeder das Recht hat Ansprüche zu erheben und jeder die Pflicht hat andere Ansprüche ernst zu nehmen, lässt sich die Legitimation einer Handlung herausstellen.[38] Dadurch wird die integrative Wirtschaftsethik zu einem Stück politischer Ethik, in der die institutionelle Einbindung der Kommunikation mit dem mündigen Bürger zu entwickeln ist.[39] Man kann erkennen, dass die sozialökonomische Idee mit ihren marktwirtschaftlichen Ansprüchen an drei „Orten" zum tragen kommt, die in einem Spannungsfeld zwischen Individual- und Institutionenethik liegen: Der Wirtschaftsbürger als erste „Ort", ist private Person, Konsument, Organisationsmitglied und Mitglied der kritischen Öffentlichkeit. Der zweite Ort ist die Ordnungsethik, bei der die Ordnungspolitik und die Wirtschaftsordnung auf eine lebensdienliche Marktwirtschaft ausgerichtet werden. Der dritte Ort ist die Unternehmensethik, welche die Verantwortung des Unternehmens für eine gute Geschäftspolitik aufzeigt, zudem aber auch die ordnungspolitische Mitverantwortung zählt.[40] Aufgrund der Zielsetzung dieser Arbeit wird nur die Unternehmensethik einhergehend betrachtet.

3.3.1 Unternehmensethik

Die integrative Unternehmensethik greift die diskursethischen Behauptungen der integrativen Wirtschaftsethik auf, so dass sich ein zwei-stufiges Konzept entwickelt. Die erste Stufe ist die Geschäftsethik, hier sucht das Unternehmen nach einer Wertschöpfungsaufgabe und nach dem Weg, diese Aufgabe durchzuführen, ohne die Rahmenbedingungen oder die Legitimationsprämisse zu verletzen (Geschäftsintegrität). Die Geschäftsintegrität muss mit der unternehmensethischen Wertorientierung, gemäß der Lebensdienlichkeit des Unternehmens, in Einklang stehen. Die zweite Stufe ist die republikanisch-politische Mitverantwortung, d.h. eine kritische Hinterfragung und Mitgestaltung der Rahmenordnung soll praktiziert werden. Republikanische Führungskräfte werden auf fehlerhafte Rahmenordnungen hinweisen, so dass ethisches Verhalten gefördert und unethisches sanktioniert wird.[41]

---

[37] Vgl. Hagenmeyer (2004/ 74- ff.)
[38] Vgl. Thielemann/ Ulrich (1992/ 163)
[39] Vgl. Ulrich (2001/ 124)
[40] Vgl. Hagenmeyer (2004/ 76)
[41] Vgl. Ulrich (2001/ 429-436)

Integrative Unternehmensethik zeigt die Berechtigung von Unternehmen auf. Legitimität sowie die Wertschöpfung eines Unternehmens stehen vor dem Erfolgsstreben. Damit ist „legitimes Gewinnstreben (…) stets moralisch begrenztes Gewinnstreben"[42], eine gewisse Selbstbegrenzung von den Unternehmen wird verlangt. Jegliche partikulare Interessen an einem Unternehmen sind dem Wohl der res publica (öffentliche Sache, mündige Bürger betreffend) unterzuordnen. Die republikanische Mitverantwortung soll helfen, den legitimen Ansprüchen der Stakeholder besser gerecht werden zu können, so dass ethisches Verhalten auch durch die Rahmenordnung zumutbar wird und nicht zu einer „Ethik der roten Zahlen" führt.[43] Es sollen also nur solche Ansprüche berücksichtigt werden, die dem Unternehmen zugemutet werden können. Das Ziel ist eine erfolgbringende Synthese zwischen Ethik und ökonomischer Vernunft, so dass Unternehmen nach Erfolg versprechenden und ethischen Geschäftsprinzipien handeln. Eine Rechtfertigung der Handlung steht zwar immer vor dem wirtschaftlichen Erfolg, aber die Wettbewerbssicherung darf nicht übersehen werden.[44]

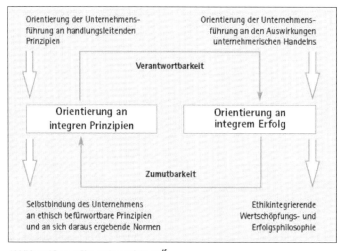

Abbildung 1 Integre Unternehmensführung[45]

Abbildung 1 verdeutlicht das Zusammenspiel zwischen der Orientierung an Prinzipien und an dem Erfolg. Die aus den Prinzipien ableitbare Verantwortung, muss in die Handlungsweisen des Unternehmens einfließen, jedoch nur insoweit, wie es noch für das Unternehmen zumutbar ist.

---

[42] Ulrich (1998/ 11)
[43] Vgl. Jäger (2001/ 115-117)
[44] Vgl. Hagenmeyer (2005/ 27)
[45] Quelle: Hagenmeyer (2005/ 27)

Das Unternehmen muss sich eine Wertschöpfungsaufgabe suchen, welche sowohl die Sinnfrage und als auch die Legitimationsfrage erfüllt. Wichtige Voraussetzung ist hierbei die tugendethische Einstellung der Akteure.

3.3.2 Integratives Ethikprogramm

Soll ein integrativer Ansatz in einem Unternehmen umgesetzt werden, so sind bestimmte Bausteine in einem Ethikprogramm aufzunehmen. Die Entwicklung eines integrativen Ansatzes beginnt beim Management, die zu vertretenden Werte sollen in die Geschäftsstrategien eingebracht werden, so dass sich das gesamte Unternehmen zu einer Verantwortungskultur entwickelt. „Die Geschäftsintegrität wird auf Dauer nicht stärker sein können als die persönliche Integrität ihrer obersten Verantwortungsträger."[46] Zudem müssen die Werte klar und hierarchisch strukturiert sein, so dass die Zielvorgabe des Unternehmens zu erkennen und von den Mitarbeitern nachvollziehbar ist. Dies kann durch einen Ethikkodex erreicht werden. Daneben muss das Unternehmen klare Anreize für ethisches Handeln setzen. Entscheidend ist, sowohl diskurs-öffnende (unternehmensethischer Dialog) als auch options-schließende (Ausschluss von unerwünschten Verhaltensweisen) Ethikmaßnahmen einzubinden.[47] Ein Ethikprogramm nach der integrativen Unternehmensethik muss folgende Bausteine beinhalten:

- Sinngebende unternehmerische Wertschöpfungsaufgabe
- Geschäftsgrundsätze
- Stakeholderrechte
- Diskursive Infrastruktur
- Ethische Kompetenzausbildung
- Überprüfung/ Ergänzung der Ethiksysteme[48]

Hier wird deutlich, wie wichtig die ethische Einstellung der einzelnen Personen ist. Ein Umdenken der gesamten Gesellschaft ist Vorraussetzung für die erfolgreiche Umsetzung dieses Ansatzes. Bisher wurde die theoretische Grundlage der integrativen Wirtschaftsethik näher betrachtet. Nun stellt sich die Frage, wie eine Umsetzung für eine Unternehmensberatung aussehen könnte. Dazu werden nun weitere Ansätze von *Hagenmeyer* und *Lunau* hinzugezogen.

---

[46] Streiff/ Ulrich (2003/ 12)
[47] Vgl. Ulrich (2001/456-461)
[48] Ebd.

4 Integrative Unternehmensberatung

Aus den oben entnommenen Grundlagen für ein Unternehmen kann man nun darauf schließen, dass diese Prinzipien auch oder gerade für eine Unternehmensberatung gelten. Dies resultiert aus der dreifache Verantwortung des Beraters: Gegenüber seiner Unternehmensberatung, seinem Klienten und der Gesellschaft. Die integrative Unternehmensberatungsethik bezieht sich somit sowohl auf die Hilfestellung für den Berater, als auch auf die Erkennung von ethisch befürwortbaren Handlungsmöglichkeiten.[49] Ein Beratungskonzept muss einerseits an die „Realitätsnähe" bewahren und andererseits an eine „Idealvorstellung" orientieren.[50] Die Realitätsnähe setzt am Qualitätsbewusstsein der Berater an, hier kann sinnvolles als auch verantwortungsvolles Wirtschaften anknüpfen. Die Idealvorstellung ist ein wichtiger Punkt bei der Orientierung des Beraters, er kann sich fragen, wie eine Situation idealerweise sein sollte.

4.1 Ethik der Berater

Verstehen sich Berater als integer, so scheuen sie nicht vor normativen Fragestellungen. Sie haben den Selbstanspruch, sich zu verwirklichen aber auch ein wertvolles Mitglied der Gesellschaft zu sein. „Sie haben den Willen und das Rückrat, menschliche Aspekte der Würde, der Fairness, der Gerechtigkeit nicht prinzipiell eigenem Erfolgsstreben oder dem Druck tagesaktueller scheinbarer Sachzwänge leichtfertig unterzuordnen".[51] Doch um diesen scheinbaren Sachzwängen zu entgehen, benötigen auch integre Personen eine Orientierung. Dazu dient die integrative Unternehmensethik für Berater, denn mit ihr kann man zu einer legitimen Selbstbehauptung gelangen. Ethik darf nicht als strategisches Modul kommuniziert werden, ökonomische Vorteile ergeben sich überhaupt erst dann, wenn moralisches Verhalten um ihrer Selbstwillen zum Bezugspunkt wird.[52]

4.1.1 Integrative Beratungsbranche

Das Fundament der integrativen Unternehmensberatung sieht *Lunau* in der Universalisierbarkeit der Grundnorm, dabei stützt er sich auf das Reziprozitätsprinzip von *Ulrich*, der Zugang zu ethischen Fragestellungen soll ermöglicht werden.[53] Eine kulturabhängige Norm ist in der heutigen Zeit nicht ausreichend. Der Mensch ist in den Mittelpunkt zu stellen und es sollen gemeinsam Lösungen für ethische Problemfragen generiert werden.

---
[49] Vgl. Hagenmeyer (2005/ 29)
[50] Vgl. Lunau (2000/ 20-50)
[51] Hagenmeyer (2005/ 26)
[52] Vgl. Lunau (2000/ 6-35)
[53] Vgl. Lunau (2000/ 63-69)

Um eine Orientierung für den einzelnen Berater zu bieten ist es sinnvoll, eine Firmenidentität aufzubauen, deren Wesensmerkmal die stetige Klärungsbedürftigkeit in Hinblick auf ethische Fragestellungen ist.[54] Dies bedeutet selbstkritisch zu sein und den offenen Diskurs nicht zu scheuen. Um den Klärungsprozess zu stützen, werden drei weitere Grundhaltungen gefordert: Markant, offen, sukzessiv. Eine Unternehmensberatung sollte markant sein, damit sie kritische Fragen über Zwecke zur Optimierung der Klienten stellen kann. Es sollen Impulse zur Konfrontation zwischen Vorteilssuche und Legitimation gegeben werden, so dass keine legitimen Ansprüche übersehen werden. Weiter soll sie offen sein, damit neue Geltungsansprüche angesprochen oder alte revidiert werden können. Auch die Begründung des eigenen Handelns nach außen hin wird so erleichtert. Zudem soll sie sukzessiv sein, um behutsam mit dem Lernprozess des Klienten umgehen zu können.[55]

Im Gegensatz zu *Lunau* sieht *Hagenmeyer* die Selbstbehauptung darin, dass „gute Gründe" des eigenen Handelns vor die kritische Öffentlichkeit gebracht werden müssen. Damit eine Unternehmensberatung legitim ist, benötigt sie legitime Geschäftsprinzipien und eine gemeinwohlorientierte Wertschöpfungsaufgabe.[56] Die Geschäftsprinzipien sollen in schwierigen Situationen, eventuell durch den Wettbewerb in dem der Klient und auch die Unternehmensberatung stehen, eine Handlungsorientierung für den Berater bieten. Beispielsweise können diese Prinzipien vertrauliche Behandlung von Kundeninformation oder klare Definition der zu erbringenden Leistung sein.[57] Der Ansatz zur Gemeinwohlorientierung kann die Beratungsphilosophie sein, hier wird Funktion, Zweck und Grundsätze der Unternehmensberatung festgelegt. Die eigenen Werte werden somit für die Öffentlichkeit transparent gestaltet.[58] Vor allem durch den Einfluss, den ein Berater auf den Manager ausübt, kann er die Gesellschaft mitgestalten. Werden gemeinwohlfördernde Ansprüche in die Beratertätigkeit integriert, so wird man dem Aspekt der Lebensdienlichkeit und der Verantwortungskultur von Ulrich gerecht.
Somit ist in beiden Anätzen der Selbstbehauptung der Unternehmensberatungen der Aspekt der legitimen Ansprüche von Betroffenen ein zentraler Punkt.

4.1.2 Institutionalisierung der Profession

Ein wichtiger Aspekt der integrativen Wirtschaftsethik ist die republikanische Mitverantwortung der Wirtschaftsbürger. Dieser Punkt wird in dem Ansatz von *Hagenmeyer* aufgenommen. Bei der Unternehmensberatungsbranche handelt es sich um eine Quasi-Profession.[59]

---

[54] Vgl. Lunau (2000/ 92-100)
[55] Vgl. Lunau (2000/ 101-110)
[56] Vgl. Hagenmeyer (2004/ 84 f.)
[57] Vgl. Hagenmeyer (2005/ 29)
[58] Vgl. Hagenmeyer (2004/ 85-88)
[59] Vgl. Hagenmeyer (2004/ 141-144)

In Branchenverbänden wie beispielsweise dem *Bund Deutscher Unternehmensberater e.V.* werden bestimmte Standards zu etablieren versucht. Die Unternehmen und auch einzelne Berater können sich hier zertifizieren lassen. Durch die Leistungsstandards sollen rechtliche und wirtschaftliche Rahmenbedingungen gestaltet werden, die dem Klienten eine erhöhte Sicherheit bei der Wahl der Unternehmensberatung geben. *Hagenmeyer* plädiert für die Bemühung „um die Etablierung hoher professioneller (ethischer) Standards und deren Kontrollverfahren aus ihrer Verantwortung der Gesellschaft gegenüber"[60]. Denn für eine umfassende Legitimierbarkeit müssen die bisherigen Standards noch erweitert werden.[61]

4.1.3 Integres Beratungsunternehmen

Wie soll sich ein integres Beratungsunternehmen gegenüber seinen Mitarbeitern verhalten? Es gibt einige ethische Themen in Beratungsunternehmen die ambivalent zu beurteilen sind, besonders aber die Beförderung. Berühmt ist dafür die „up-or-out-Formel". Schafft man es nicht seinen Erfolg zu steigern um somit befördert zu werden, dann steht dem Berater die realistische Bedrohung der Kündigung gegenüber. Die integrative Beratung vertritt die Ansicht, dass nach einer ganzheitlichen und nachhaltigen Methode befördert werden sollte.[62] Denn wenn der lediglich kurzfristige, quantitative Erfolg gesehen wird, kann dies den Berater unter Zugzwang setzen und ihn somit zu ethischen Fehlschritten verleiten. Aus diesem Grund sollte eine integre Unternehmensberatung schon beim Recruiting auf sozialkompetente Mitarbeiter achten, die während ihrer Arbeitszeit die Möglichkeit haben, sich in ethischen Bereichen weiterzubilden.

4.1.4 Personale Integrität

Der Berater muss immer unabhängig und neutral sein um neue Perspektiven für Unternehmen herauszufiltern. Dann kann er die Handlungsunfähigkeit aus einem externen Blickwinkel betrachten, der Klient erfährt somit weitere Optionen. Er darf nicht in festgefahrenen Denkschemen verfallen. Das Hauptproblem des integrativ gedachten Ansatzes jedoch ist das Spannungsfeld zwischen Ethik und Erfolg. Ein vernünftiger Umgang zwischen Handeln und Reflektieren muss angestrebt werden, damit sich die beiden Ziele nicht gegenseitig ausspielen.[63] Also muss jede Handlung auch von dem Berater auf seine Legitimität hin geprüft werden. Der Berater muss seine dreifache Verantwortung persönlich wahrnehmen und seinen persönlichen Prinzipien treu bleiben, aber diese auch für die Öffentlichkeit transparent machen.

---

[60] Hagenmeyer (2004/ 142)
[61] Für die bisherigen Standards siehe: http://www.bdu.de/
[62] Vgl. Hagenmeyer (2004/ 153 ff.)
[63] Vgl. Lunau (2000/ 65)

Diese Ansicht vertritt auch *Lunau*, ethische Beratung kann nur Erfolg haben, wenn der Berater inhaltlich Position bezieht und sich stets erneut einer tragfähigen Begründung seines Handelns bewusst wird.[64] Das Ethikverständnis soll also auf individueller Autonomie beruhen und dennoch von oben, also aus den Geschäftsprinzipien und dem Reziprozitätsprinzips, ableitbar sein. Der Berater hat die Verantwortung ethische Maßnahmen zu fordern und zu fördern. Er muss als integrer Mitarbeiter eine kritische Loyalität gegenüber seinem Unternehmen und gegenüber den Klienten besitzen, dass heißt bei gemeinwohlschädigenden Folgen ist die kritische Öffentlichkeit seine letzte Verantwortungsinstanz.[65]

4.2 Ethische Beratung

Berater für ethisches Handeln sind Begleiter eigenverantwortlicher Prozesse, man darf klare Methoden zur Beurteilung von unternehmensinternen Strategien und konzeptionell inspirierende Leitideen erwarten.[66] Das Ziel der integrativen Unternehmensberatung ist es, den Klienten aus seiner Handlungsunfähigkeit zu lösen, so dass er autonome Entscheidungen treffen kann. Zudem soll der begrenzte Blick der Gewinnmaximierung auf eine gemäßigte, legitime Gewinnorientierung erweitert werden. Der Markterfolg soll auf Legitimität des Handelns und den Sinn der Werte gestützt sein. Somit ist der Berater Reflexionspartner, er soll wirtschaftsethisch Aufklären und zeigen, wo Anwendungsprobleme bestehen, die sich auf die Handlungsunfähigkeit des Klienten auswirken.[67] Des Weiteren sollen diese Probleme vor allem gemeinsam gefunden werden, weil der Klient nicht nur schneller zu seiner Autonomie zurückfindet, sondern weil eine stetige Klärungsbedürftigkeit über den Rat besteht, respektive das Verständnis des Klienten hierdurch erhöht wird.[68]

4.2.1 Beratungsprozess

Bei der ethischen Beratung steht das Verhältnis zwischen Berater und Klienten im Vordergrund. Die Verantwortung muss zu gleichen Teilen vergeben sein. Jedoch das Entscheidungsmoment, den Rat umzusetzen, liegt beim Klienten. Der normative Aspekt der Unternehmensberatung liegt in der Legitimierbarkeit der Beratungssituation. Wie aus Folgender Abbildung ersichtlich wird, darf weder eine Scheinberatung noch ein Führungssubstitut vorliegen:[69]

---

[64] Vgl. Lunau (2000/ 197)
[65] Vgl. Ulrich (2001/ 324-327)
[66] Vgl. Lunau/ Ulrich (2002/ 3)
[67] Vgl. Hagenmeyer (2004/ 96-99)
[68] Vgl. Lunau (2000/ 90-95)
[69] Vgl. Hagenmeyer (2005/ 29)

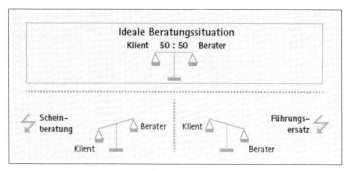

Abbildung 2 Berater-Klienten Verhältnis[70]

Erst wenn die ideale Situation erreicht ist oder sich ihr angenähert wurde, kann der Auftrag entgegengenommen werden. Der Prozess ist lösungsoffen, da eine Diskurssituation zu erreichen ist und beide Parteien neue Perspektiven generieren können.[71] Als nächstes muss sich der Berater bewusst werden, ob seine Fachkenntnisse für die Beratung adäquat sind und weiterhin ob die Wertesysteme miteinander kompatibel sind. Sollte eine dieser drei Voraussetzungen für ein Projekt nicht erfüllt sein, dann muss nach *Hagenmeyer* der Klient abgelehnt werden.[72]

Während der Projektdurchführung ist für *Lunau* und *Hagenmeyer* wichtig, die legitimen Ansprüche der Betroffenen zu berücksichtigen und zur Diskussion zu stellen, dies erkennt man aus den Ansätzen zum Selbstverständnis der Unternehmensberatung. Im Projektverlauf müssen die Hintergrundannahmen des Problems kritisch überprüft werden und die verschieden Ansichten und Perspektiven zur Geltung gebracht werden. Jedoch müssen Berater auch unbequeme Ansprüche aufdecken. Wenn die Betroffenen einbezogen werden, kommt es zu dem Nebeneffekt, dass sachliche Fehler vermieden werden können und das Konzept eine höhere Akzeptanz bei den Mitarbeitern, respektive bei der Gesellschaft, hat.[73]

Das Projekt sollte so schnell wie möglich beendet werden, damit der Klient nicht in eine künstliche Abhängigkeit gerät.[74] Zudem sollten Folgeaufträge genau überprüft werden, damit die Autonomie des Klienten nicht eingeschränkt wird und der Berater nicht zu festgelegten Perspektiven, der so genannten „Betriebsblindheit", verfällt.[75]

---

[70] Quelle : Hagenmeyer (2005/ 29)
[71] Vgl. Hagenmeyer (2004/ 80-84)
[72] Vgl. Hagenmeyer (2004/ 155 ff.)
[73] Vgl. Hagenmeyer (2004/ 158-161)
[74] Vgl. Lunau (2000/ 132)
[75] Vgl. Hagenmeyer (2004/ 163)

4.2.2 Ethiktools

Bei den Ethiktools haben *Hagenmeyer* und *Lunau* zwei unterschiedliche Ansätze, die daher getrennt voneinander betrachtet werden müssen. Jedoch kann man beide nur als theoretische Denkansätze betrachten, denn keiner hat konkrete Handlungsanweisungen vorgelegt, um die eigene Privatmoral nicht aufzudiktieren und da jedes Unternehmen in einer anderen Situation steht.

Hagenmeyer nimmt eine prozessorientierte Beratungsform an, da hier die gegenseitigen systematischen Anerkennungsverhältnisse gewahrt werden. Bei einer prozessorientierten Beratung ist der Berater eine „Stütze", die inhaltlichen Ergebnisse sollen im Gegensatz zu einer inhaltorientierten Beratung von dem Klienten selber entwickelt und implementiert werden.[76] Jedoch können diese zwei Formen der prozessorientierten und inhaltorientierten Beratung nicht streng voneinander getrennt werden. Somit ergeben sich aus dem Kontinuum zwischen Prozess- und Inhaltorientierung vier Formen der Beratung:

1. Inhaltsfreie Intervention
2. Organisationsentwicklung
3. Expertenberatung
4. Gutachten.[77]

Je näher man dem Gutachten kommt, desto inhaltorientierter ist die Beratung, denn Gutachten bedeuten nur die Bewertung von Fakten. Expertenberatung ist die gemeinsame Bewertung mit dem Klienten. Bei der Organisationsentwicklung ist der Berater eher ein Moderator oder Lenker des Prozesses zur Entscheidungsfindung. Die inhaltsfreie Intervention ist das Idealbild für eine Beratung, denn hier soll keine Expertise von außen eingebracht werden, der Berater ist ein Gesprächsleiter.[78] Angesetzt werden soll daher auch immer bei der inhaltsfreien Intervention, falls der Klient alleine nicht weiter kommt, soll Schrittweise auf die anderen Punkte zurückgegriffen werden.

Die Heuristik von *Lunau* ist ein Zusammenspiel von „Durchsetzungs- und Klärungspraxis"[79]. Je nach dem Stadium des Unternehmens, dass heißt je nach Kenntnis im Umgang mit Ethik, gibt es verschiedene Vorgehensweisen für den Berater. Somit ist der Berater entweder Didaktiker, Diskursschrittmacher oder Diskursteilnehmer.[80]

---

[76] Vgl. Hagenmeyer (2004/ 112 ff.)
[77] Vgl. Hagenmeyer /2004/ 115)
[78] Vgl. Hagenmeyer (2004/ 115-122)
[79] Lunau/ Streif (2002/ 354)
[80] Vgl. Lunau (2000/ 113)

Wenn der Berater als Didaktiker auftritt, ist das Unternehmen offen für ethische Fragen und die gewohnten Maßnahmen zu Behebung der Handlungsunfähigkeit reichen nicht mehr aus. Hier hat der Berater eine ausgeprägte Beeinflussungsabsicht, die Verhaltensweisen müssen aufgebrochen werden, jedoch soll die Grundhaltung des Unternehmens nicht verändert werden.[81] Das Ziel ist eine ethisch kompetente Unternehmensführung mit ethischen Vorstellungen, welche sich in den Unternehmensgrundsätzen wieder finden.

Als Diskursschrittmacher soll der Berater ethischen Aspekten mehr Beachtung verleihen. Die Unternehmensführung kennt den Unterschied zwischen strategischen und ethischen Betrachtungsweisen, will die ethische Kompetenz jedoch verstärken.[82] Die Beeinflussung des Beraters ist jetzt schwächer, er soll Impulse geben.

Will das Unternehmen Ethik in den Alltag integrieren, dann ist der Berater Diskursteilnehmer. Als Experte soll er Vorschläge zu Maßnahmen und kritische Anmerkungen zu gezogenen Konsequenzen des Unternehmens geben. Eine Balance zwischen Reflexion und Handeln ist für ein beständiges Ethikprogramm nötig.[83]

Bezogen auf das spezifische Stadium des zu beratenden Unternehmens gibt es drei Phasen, welche die Grundlage für die späteren Beratungsmodule bilden: Orientierungsphase, lernorientierte Versuchsphase und die Implementierungsphase.[84]

In der Orientierungsphase soll zuerst ethische Thematik als Grundgerüst verständig gemacht werden, in der Lernphase sammelt das Unternehmen durch veränderte und erweiterte Betrachtungsweisen neue Erfahrungen, während in der Implementierungsphase schon die selbst auferlegten Rahmenordnungen implementiert werden und Ethik fester Bestandteil des Unternehmensalltags sein soll. In jeder genannten Phase gibt es fünf Beratungsmodule — Vorschläge, Analyse, Schulung, Begleitung und Dokumentation — die in Abhängigkeit vom Klienten unterschiedliche Ausprägungen haben können.[85] Um ethische Beratung erfolgreich zu gestallten benötigt der Berater einen Überblick über die Basistypen der Beratungsleistung. Daher hat *Lunau* eine 15-Felder-Matrix entwickelt, die sich aus dem Zusammenspiel der Phasen und der Module ergibt:

---

[81] Vgl. Lunau (2000/ 114)
[82] Vgl. Lunau (2000/ 117-120)
[83] Vgl. Lunau (2000/ 120-123)
[84] Vgl. Lunau (2000/ 126-129)
[85] Vgl. Lunau (2000/ 130 f.)

	Orientierungsphase	Versuchsphase	Implementierungsphase
Vorschläge			
Analyse			
Schulung	Beispiel: Kritikfähigkeit üben	Beispiel: Stakeholdermanagement	Beispiel: Ethik-Officer
Begleitung			
Dokumentation			

Abbildung 3 Matrix für denkbare Beratungsmodule[86]

Die Matrix bietet eine klärende Hilfestellung für den Berater, den Aufträgen spezielle Module zuzuordnen und anzuwenden. Schon bei den gewählten Beispielen kann man erkennen, dass in den speziellen Stadien der Unternehmen mit Hilfe der Phasen, die ja auf das spezifische Rollenverständnis der Berater gestützt sind, sich bei ein und demselben Modul verschiedene Beratungsmöglichkeiten ergeben. Je mehr Erfahrung ein Unternehmen hat, desto deutlicher und mutiger werden die Anwendungen. Bei der Schulung beginnt man mit einem erweiterten Rethorikkurs und endet bei einer Einrichtung im Unternehmen, die den Mitarbeitern als Anlaufstelle für ethische Fragen dient. Die Inhalte sollen von den Beratern frei gewählt werden, dann sind die Ausprägungen nicht beschränkt oder starr vorgegeben, dadurch können Berater eine bessere Übersicht über ethische Perspektiven erhalten.[87]

Diese Matrix kann zu einer Merkformel für den Berater erweitert werden. Hierzu werden die drei Rollenverständnisse des Beraters (Didaktiker, Diskursschrittmacher, Diskursteilnehmer: 3D), die grundlegenden Eigenschaften einer Unternehmensberatung: Markant, offen, sukzessive (MOS) und das Selbstverständnis eines Beratungsunternehmens, angesichts immerwährender Klärungsbedürftigkeit (aiK) kombiniert. Daraus ergibt sich die „*3D-MOSaiK in der 15-Felder-Matrix*".[88] Der Kern der Merkformel ist somit die Bestimmung der spezifischen Eigenschaften einer Unternehmensberatung und deren Beratungsfelder. Durch die 15-Felder-Matrix kann der Berater genau an dem Stadium ansetzten, wo sich das Unternehmen befindet, ist selbstkritisch und offen für Kritik von Außen und ermöglicht dem Klienten zu zeigen, dass legitime Zwecke vor Optimierungsfragen stehen.

---

[86] Quelle: Lunau (2000/ 135)
[87] Vgl. Lunau (2000/ 139-198)
[88] Vgl. Lunau (2000/ 132-137)

Jedoch ist auch diese Matrix nur ein Modell, also eine schemenhafte Skizze. Es soll quasi als „Hintergrund" dienen. *Lunau* verzichtet bewusst auf eine genaue Beschreibung der instrumentellen Anwendbarkeit.[89] Denn „der latente Wunsch nach Patentrezepten (...) [kann] kaum ein Projekt über längere Zeit erfolgreich bearbeiten"[90].

5 Kritische Würdigung

Sowohl *Hagenmeyer* als auch *Lunau* setzen das Konzept der integrativen Wirtschaftsethik in seinen grundlegenden Ideen für eine Unternehmensberatung um. *Hagenmeyer* konzentriert sich eher auf die Ethik des Beraters, *Lunau* dagegen auf die Ethik als Beratungstool. Der diskursethische Ansatz ist für beide Bereiche anwendbar. Die von *Ulrich* angegebenen Kriterien für ein Ethikkonzept — Sinngebende unternehmerische Wertschöpfungsaufgabe, Geschäftsgrundsätze, Stakeholderrechte, diskursive Infrastruktur, ethische Kompetenzausbildung, Überprüfung/ Ergänzung der Ethiksysteme — werden in beiden Ansätzen aufgegriffen und integriert.

Das Konzept der integrativen Wirtschaftsethik fordert, wirtschaftlichen Erfolg der Legitimation unterzuordnen und eine politische Mitverantwortung zu übernehmen. Die politische Mitverantwortung ist ein wichtiger Aspekt, der von Unternehmensberatungen kommuniziert werden muss. Viele Unternehmen haben ihre Verantwortung bereits erkannt, jedoch wird oft vor dem Hintergrund der eigenen wirtschaftlichen Interessen gehandelt und nicht auf Grund der Lebensdienlichkeit. Der Wille der einzelnen Wirtschaftssubjekte ist notwendige Bedingung für eine erfolgreiche Umsetzung und um im Anschluss positive Nebeneffekte wie Reputation, Nachhaltigkeit oder einen glaubwürdigen Stakeholderdialog zu erreichen.[91] Das Konzept, in der integrativen Wirtschaftsethik allgemeine Prinzipien umzusetzen, ist eher theoretisch orientiert.[92] Dies betonen auch *Hagenmeyer* und *Lunau*, in dem sie feststellen, dass keine vorgefertigten Meinungen oder Handlungsanweisungen an das Unternehmen weitergegeben werden sollen, sondern es sich hier um Diskussions- und Denkstösse handelt.[93]

---

[89] Vgl. Lunau (2000/ 137)
[90] Lunau (2000/ 206)
[91] Vgl. Hagenmeyer (2005/ 30)
[92] Vgl. Badura (2002/ 346)
[93] Vgl. Lunau (2000/ 10)

Es stellt sich also berechtigt die Frage, ob diese beiden Ansätze auf Unternehmensberatungen anwendbar sind. Bezüglich *Ulrichs* Behauptung, dass Erfolg unter der Prämisse ethischer Vernunft steht, ist es schwierig den Wirtschaftssubjekten ihre Selbstbindungsaufgabe zu erläutern. Seiner Meinung nach, darf nicht kommuniziert werden, dass Ethik auch eine Maßnahme für wirtschaftlichen Erfolg sein kann, denn dann würden Fragen zum gerechten Zusammenleben blockiert werden. Somit ist allerdings fraglich, ob dieser Ansatz für die Praxis brauchbar ist. Zum einen stellt er die Ethik vor die Ökonomie, was viele Wirtschaftssubjekte per se abschreckt und zum anderen wird Ethik noch vielmals als private Kompetenz verstanden. Oft wird die Inspruchnahme ethischer Beratungsleistung mit einem Mangel an persönlicher Integrität gleichgesetzt.

Der Reflexionsprozess in unserer Gesellschaft hat begonnen. Dies erkennt man daran, dass die Bürger mehr Verantwortungsbewusstsein verlangen und die Unternehmen sich mit ethischen Fragen auseinander setzen. Somit wächst auch das Verständnis, sich von Spezialisten bei Bemühungen um eine gesellschaftsdienliche Unternehmensführung und entsprechenden Geschäftspraktiken helfen zu lassen. Damit eine Unternehmensberatung jedoch Erfolg hat, muss der Nutzen aus der Beratung eindeutig erkennbar sein. Mittel- bis langfristige ökonomische Gewinne, die es für einen Manager nachvollziehbar machen, wieso er sich auf ethische Standards konzentrieren soll, und nicht die Hoffnung auf den „Willen zum Sinn", sind daher notwendig. Es lässt sich abschließend zusammenfassen, dass es nicht auf die bessere Theorie ankommt, sondern auf die Praxistauglichkeit.

LITERATURVERZEICHNIS

1. **Apel, K.-O. (1988):** *Diskurs und Verantwortung. Das Problem des Übergangs zur postkonventionellen Moral,* Frankfurt a.M.
2. **Badura, J. (2003):** *Ethische Beratung im Unternehmen – Konzepte im Vergleich,* in: Zeitschrift für Wirtschafts- und Unternehmensethik, 3(3), 337-350.
3. **Büscher, M. (1995):** *Integrative Wirtschaftsethik. Grundkonzept und wirtschaftswissenschaftliche Forschungshorizonte,* in: Die Unternehmung (4), 273-284.
4. **Hagenmeyer, U. (2003):** *Integrative Unternehmensberatungsethik: Grundlagen einer professionellen Managementberatung jenseits betriebswirtschaftlicher Logik,* in: Zeitschrift für Wirtschafts- und Unternehmensethik, 3(3), 356-377.
5. **Hagenmeyer, U. (2004):** *Integre Unternehmensberatung. Professioneller Rat jenseits rein betriebswirtschaftlicher Logik,* Dissertation, Bern/Stuttgart/Wien.
6. **Hagenmeyer, U. (2005):** *Integrität und Unternehmensberatung – ein Widerspruch?,* in: Zeitschrift Unternehmensberater 3, 26-31.
7. **Lunau, Y./ Streiff, S. (2003):** *Indizien „guter" Unternehmensethikberatung,* in: Zeitschrift für Wirtschafts- und Unternehmensethik, 3(3), 351-355.
8. **Luna, Y. (2000):** *Unternehmensethikberatung. Methodischer Weg zu einem praktikablen Konzept,* St. Gallener Beiträge zur Wirtschaftsethik ;Bd. 28, Bern/Stuttgart/Wien.
9. **Jäger, U. (2001):** *Führungsethik. Mitarbeiterführung als Begünstigung humaner Leistung,* St. Gallener Beiträge zur Wirtschaftsethik; Bd. 29, Bern/Stuttgart/Wien.
10. **Streiff, S./ Ulrich, P. (2003):** *Der unternehmensethische kompetente Aufsichts- und Verwaltungsrat,* in: Sicht der Wirtschaftsethik, 1-21.
11. **Thommen, J.-P. (1992):** *Beratung und Ethik,* in: Bewertung, Prüfung in Theorie und Praxis, Festschrift für Carl Helbling, Zürich, 439-455.
12. **Thielemann, U./ Ulrich, P. (1992):** *Ethik und Erfolg,* in: St. Galler Beiträge zur Wirtschaftsethik, Bd. 6, Bern u.a.

13. **Ulrich, P. (1988):** *Unternehmensführung – Diesseits oder jenseits der betriebswirtschaftlichen Vernunft,* in: Lattmann, Charles (Hrsg.): Ethik und Unternehmensführung, Heidelberg, 96-116.
14. **Ulrich, P. (1998):** *Wofür sind Unternehmen Verantwortlich?* IWE Institut für Wirtschaftsethik, Universität St. Gallen.
15. **Ulrich, P. (1999):** *Worauf kommt es in der ethikbewussten Unternehmensführung grundlegend an? – Integrative Unternehmensethik in fünf Thesen,* in: Ulrich, Peter / Wieland, Josef (Hrsg.): Unternehmensethik in der Praxis. Impulse aus den USA, Deutschland und der Schweiz, Bern/Stuttgart/Wien, 15-27.
16. **Ulrich, P. (2001):** *Integrative Wirtschaftsethik. Grundlagen einer lebensdienlichen Ökonomie,* Bern/Stuttgart/Wien.
17. **Wörz, M.. (1996):** *Wirtschaftsethik als Beratung,* in: Lenk, H. (Hrsg.): Ethik in der Wirtschaft, Stuttgart et al. 141-157.
18. **www.bdu.de/**
19. **www.wikipedia.org/wiki/Beratung**

BEI GRIN MACHT SICH IHR WISSEN BEZAHLT

- Wir veröffentlichen Ihre Hausarbeit, Bachelor- und Masterarbeit

- Ihr eigenes eBook und Buch - weltweit in allen wichtigen Shops

- Verdienen Sie an jedem Verkauf

Jetzt bei www.GRIN.com hochladen und kostenlos publizieren